AF372660

VENTE DU SAMEDI 6 MAI 1899

À TROIS HEURES

HOTEL DROUOT, SALLE N° 10

BONS

TABLEAUX

Anciens et Modernes

PROVENANT DE DIVERSES COLLECTIONS

PAR

Met de Blés, Brakenburg, Baron Gérard, André Gill,

Droogsloot, Jean Fyt,

Klaes Moulenaer, Ad. Van Ostade, David Téniers, etc.

DEUX ŒUVRES IMPORTANTES

Par Eug. ISABEY et Ch. JACQUE

GRAVURES, BEAU CADRE LOUIS XIV

EXPOSITION PUBLIQUE

Le Vendredi 5 Mai 1899, de 1 heure 1/2 à 5 heures 1/2

Mᵉ SARRUS	M. B. LASQUIN
COMMISSAIRE-PRISEUR	EXPERT
74, rue Saint-Lazare, 74	12, rue Laffitte, 12

PARIS — 1899

IMPRIMERIE MAULDE ET RENOU

MAULDE, DOUMENC & Cie

IMPRIMEURS DE LA COMPAGNIE DES COMMISSAIRES-PRISEURS

Rue de Rivoli, 144. – Paris

CATALOGUE

DE

TABLEAUX

Anciens et Modernes

PROVENANT DE DIVERSES COLLECTIONS

ŒUVRES DE

**Bellini, Met de Blés, Brakenburg, Chardin, Baron Gérard,
André Gill, Droogsloot, Jean Fyt,
K. Moulenaer, Ad. Van Ostade, David Téniers
Wynants et de différentes Écoles**

DEUX TABLEAUX PAR EUG. ISABEY ET CH. JACQUE

Gravures et Lithographies coloriées

BEAU CADRE LOUIS XIV EN BOIS SCULPTÉ

DONT LA VENTE AURA LIEU

HOTEL DROUOT — SALLE N° 10

Le Samedi 6 Mai 1899, à 3 heures

Me **SARRUS**, COMMISSAIRE-PRISEUR
Rue Saint-Lazare, 74

Assisté de **M. B. LASQUIN**, Expert, rue Laffitte, 12

CHEZ LESQUELS SE TROUVE LE CATALOGUE

EXPOSITION PUBLIQUE

Le Vendredi 5 Mai 1899, de 1 heure 1/2 à 5 heures 1/2

PARIS — 1899

CONDITIONS DE LA VENTE

Elle sera faite au comptant.

Les Acquéreurs paieront CINQ POUR CENT en sus du prix d'adjudication.

Maulde, Doumenc et Cie, imprimeurs de la Cie des Commissaires-Priseurs,
rue de Rivoli, 144.   500—81008

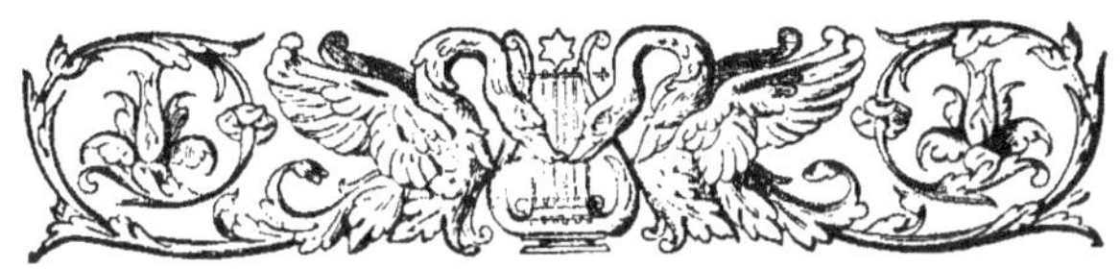

TABLEAUX

BELLINI (Giovani)

1 — La Vierge à l'Enfant Jésus.

La Vierge, assise sur un tertre, l'Enfant Jésus sur ses genoux, pose la main sur la tête d'un pieux personnage agenouillé devant elle. Derrière, saint Jérome.
Curieux tableau de la suite des Bellini.

Bois : H. 0ᵐ52 ; L. 0ᵐ75.

BERGHEM (Attribué à)

2 — Bestiaux à l'abreuvoir au bord d'une rivière.

Signature au bas à droite.

Toile : H. 0ᵐ34 ; L. 0ᵐ41.

BLÈS (Henri Met de)

3 — La Nativité.

Dans les ruines d'un palais de riche architecture, la Vierge, deux anges et des bergers sont en adoration devant l'Enfant Jésus étendu nu sur une dalle de pierre.
A gauche saint Joseph, et derrière la Vierge, le tau-

reau et l'âne. Au delà d'un portique, d'autres person-
nages, des constructions et un château fort sur une
éminence.

Bonne peinture de l'École flamande du xvi⁰ siècle,
partie centrale d'un triptyque.

Bois : H. 0^m88 ; L. 0^m40.

BRAKENBURG

4 — Intérieur hollandais.

Trois fumeurs et une femme portant un enfant, occu-
pent la gauche du tableau ; une servante tient un seau
et prépare des poissons dans une terrine.

A droite, sur une table et au mur, divers ustensiles
de cuisine.

Signé au bas à gauche.

Toile : H. 0^m40 ; L. 0^m48.

BRONZINO (Attribué à)

5 — Portrait de femme.

A mi-corps, corsage rouge avec manches blanches
avec broderies ; elle tient un petit chien de la main
gauche.

Bois : H. 0^m82 ; L. 0^m63.

CERQUOZZI

6 — Fruits.

Grenades, pêches, raisins, poires et pastèques sur une
balustrade de pierre et à terre, ainsi qu'un lapin près
d'un cours d'eau.

Cadre ancien en bois sculpté.

Toile : H. 0^m73 ; L. 0^m93.

CHARDIN (Attribué à)

7 — La Femme malade.

Une jeune femme, en coquet déshabillé, est étendue
sur une chaise longue; une servante lui apporte un
breuvage.

Derrière le tableau se trouve une note ainsi conçue :
*« Portrait de Mme Greuze fait dans l'atelier de Greuze,
donné par sa fille Aimée Greuze. Chardin »*.

Ancienne collection du marquis de Valori.

Toile : H. 0^m82; L. 0^m126.

DROOGSLOOT

8 — Kermesse flamande.

Sur une place de village une foule de villageois sont
en réjouissance; les uns dansent, d'autres jouent aux
boules; des buveurs sont attablés; des mendiants, des
enfants, des chiens, sont mêlés à la foule; dans le loin-
tain, le paysage est arrosé par une rivière.

Signé du monogramme au ceintre.

Bois : H. 0^m42; L. 0^m81.

DROUAIS (D'après)

9 — Le petit Dessinateur.

Vêtu de rouge, coiffé d'un feutre, tonrné vers la droite
il tient un portefeuille sous le bras.

Toile : H. 0^m60; L. 0^m49.

FYT (JEAN)

10 — Gibier gardé par des chiens.

Des perdrix, différents oiseaux morts, un fusil et des
accessoires de chasse, déposés au pied d'un arbre, sont
gardés par deux chiens.

Peinture large et empâtée.

Toile : H. 0^m60; L. 0^m84.

GÉRARD (Le baron F.)

11 — Bélisaire.

> Bélisaire aveugle, son bâton à la main, porte dans ses bras son jeune conducteur qui vient d'être mordu à la jambe par un serpent.
> Réduction probablement faite pour la grávure de Desnoyers.
> Signé au bas F. Gérard.
>
> Bois : H. 0^m36 ; L. 0^m27.

GILL (ANDRÉ)

12 — Portrait du Docteur Ricord.

> Sous forme de charge, le docteur est représenté debout, tenant de la main droite un bistouri. A terre, un Amour désolé.
> Signé au bas à droite.
>
> Bois : H. 0^m24 ; L. 0^m19.

HÉREAU (JULES)

13 — Paysage.

> Esquisse.
>
> Toile : H. 0^m24 ; L. 0^m30.

ISABEY (EUGÈNE)

14 — Environs du Tréport.

> Au pied de la falaise, à gauche, plusieurs cabanes de pécheurs ; sur la grève deux barques échouées, des pécheurs, des femmes et des enfants ; plus loin un navire au carénage ; à droite la mer.
> Beau tableau d'un brillant coloris.
>
> Toile : H. 0^m61 ; L. 0^m50.

JACQUE (CHARLES)

15 — Bergerie.

> Une douzaine de moutons et brebis sont devant un râtelier, dans une étable où pénètre un rayon de soleil. Au premier plan, une brebis et son agneau broutent des

feuilles de choux à terre. A droite et à gauche, une poule noire et une autre tachetée de blanc picorent dans la paille.

Bois : H. 0^m45 ; L. 0^m64.

JOUVENET

16 — Jésus guérissant les infirmes.

Toile : H. 0^m56 ; L. 0^m41.

MOULENAER (Klaes)

17 — Paysage ; effet d'hiver.

Des maisons en briques et aux toits de chaume couverts de neige sont situées sur le bord d'une rivière prise de glace où se voient plusieurs patineurs. Au loin, à gauche et dans le fond, un moulin à vent, le clocher et les maisons d'un village.

Beau tableau signé à droite.

Toile : H. 0^m75 ; L. 1^m.

OSTADE (Adrien)

18 — Le Liseur.

Un villageois, tourné vers la droite, vu à mi-corps, lit attentivement dans un livre qu'il tient des deux mains.

Bois : H. 0^m22 ; L. 0^m18.

PILS

19 — Artilleurs mettant une pièce en batterie.

Aquarelle signée à droite et datée 1861.

H. 0^m21 ; L. 0^m34.

RUBENS (D'après)

20 — Portrait de la femme de Rubens.

En buste, vêtue de noir, la main gauche ramenée sur la poitrine et tenant un livre de l'autre main.

Toile : H. 0^m82 ; L. 0^m62.

TÉNIERS

21 — Le Retour de la Veillée.

Deux couples de paysans portant des lanternes se
séparent devant une maison éclairée à l'intérieur et dont
l'hôtesse occupe le pas de la porte ; près de là un paysan
contre une clôture en planches.

Au fond, l'église et les maisons du village se déta-
chent sur le ciel éclairé par la lune.

Sur le terrain, au bas et au centre, se voit le monogramme de l'artiste.

Bois : H. 0^{m}17 ; L. 0^{m}25.

TÉNIERS

22 — Un Fumeur.

A mi-corps, vêtu d'une casaque bistre, coiffé d'une
toque bleue, il tient une pipe et lance de la fumée. Devant lui, un brasero posé sur le coin d'une table.

Signé du monogramme, en haut, à gauche.

Bois : H. 0^{m}16 ; L. 0^{m}12.

WYNANTS (Attribué à)

23 — La petite Ferme.

Près de la lisière d'un bois, à gauche, un berger
garde un petit troupeau composé d'une vache et de cinq
moutons ; plus loin, dans un enclos, une petite ferme
se détache sur un fond de paysage ensoleillé. A droite,
un tronc d'arbre coupé.

Les figures sont par Durck Van Bergen.

Toile : H. 0^{m}69 ; L. 0^{m}85.

ÉCOLE ESPAGNOLE

2 4 — Saint Jean Népomucène en prière.

Saint Jean Népomucène, confesseur de la reine de Pologne, fut sommé par le roi de lui livrer les secrets qu'il avait reçus de la reine ; il préféra mourir que de livrer les secrets de la confession, et le roi le fit jeter dans la Vistule, ainsi qu'on le voit représenté à gauche du tableau.

Ce tableau provient d'un monastère de Trèves.

Toile: H. 1^m82 ; L. 1^m25.

ÉCOLE ESPAGNOLE

25 — Bohémienne.

A mi-corps, de face, coiffée d'un madras à dessins de couleur, le bras droit accoudé, elle fait un signe de l'autre main.

Cadre Louis XIV en bois sculpté.

H. 0^m89; L. 0^m73.

ÉCOLE FLAMANDE (xvie siècle)

26 — La Vierge et l'enfant Jésus.

Dans un paysage avec tertre planté d'arbres à droite et perspective sur les bords d'une rivière; au fond, la Vierge, agenouillée à terre, tient l'enfant Jesus nu et debout devant elle.

Bois forme ovale.

H. 0^m55 ; L. 0^m41.

ÉCOLE FLAMANDE

27 — La Nativité.

Composition de neuf figures.

ÉCOLE FRANÇAISE (xviiiᵉ siècle)

28 — Bacchus et Cérès.

> Assis sur une conque marine, entourés de tritons et
> de naïades, sur les eaux, trois amours voltigent dans
> les airs ; à gauche, un groupe de quatre figures allégo-
> riques et des attributs des sciences et des arts.
>
> Toile : H. 0ᵐ56 ; L. 1ᵐ11.

ÉCOLE FRANÇAISE (xviiiᵉ siècle)

29 — Le Jugement de Pâris.

> Toile : H. 0ᵐ31 ; L. 0,47.

ÉCOLE FRANÇAISE (Attribué à Fragonard)

30 — Sujet historique. Esquisse.

> Toile : 0ᵐ58 ; L. 0ᵐ49.

ÉCOLE FRANÇAISE

31 — Portrait de Henri IV.

> En buste, revêtu de la cuirasse, avec large écharpe
> blanche en sautoir.
>
> H. 0ᵐ90 ; L. 0ᵐ74.

ÉCOLE HOLLANDAISE

32 — La Marchande de gaufres.

> Elle est assise derrière un fourneau où cuisent des
> crèpes et est entourée de trois commères.
> Cadre ancien en bois sculpté.
>
> Toile : H. 0ᵐ32 ; L. 0ᵐ24.

ÉCOLE HOLLANDAISE

33 —Rendez-vous de chasse.

> Une nombreuse société de dames et de gentilshommes occupent l'entrée d'un bois vers lequel se dirige un carrosse amenant d'autres personnages. A droite, une charrette de paysans est précipitée dans un fossé pour livrer passage au carrosse.
>
> Fond de paysage avec château à gauche.
>
> Toile : 1^m06; L. 1^m37.

ÉCOLE HOLLANDAISE

34 — Poissons.

> Toile : H. 0^m92; L. 1^m15.

ANCIENNE ÉCOLE GRÉCO-RUSSE

35 — Glorification d'un saint.

> La Vierge Marie, sainte Madeleine et une autre sainte soutiennent un écusson présentant la figure d'un saint en costume monastique; à droite trois religieux du même ordre sont agenouillés.
>
> Bois : H. 0^m29; L. 0^m25.

X

36 — Chevalier combattant.

> Bois : H. 0^m25; L. 0^m20.

DESSINS

ÉCOLE ITALIENNE

37 — L'Enlèvement des Sabines.

> Dessin à la plume et au lavis.

38 — Etude d'Évêque.
>Dessin au crayon rehaussé de blanc.

39 — Le Lavement des pieds.
>Dessin à l'encre de Chine.

40 — Deux Dessins : Le Couronnement d'épines et la décollation de saint Jean.

GRAVURES ET LITHOGRAPHIES

41 — **Debucourt** (P.). Quatre Gravures en couleur : L'Attaque de la diligence, Accident de voyage, l'Hiver, Clair de lune.

42 — Six Lithographies coloriées par Aubry : La Perruque du Grand-Père, d'après Boilly, les petits Acteurs, les Papillottes, la petite Tabagie, la Chiquenaude, la Barbe du sapeur.

CADRE ANCIEN

43 — Très beau Cadre de l'époque de la Régence, en chêne sculpté et doré, à motifs d'écussons et de guirlandes de fleurs ajourées.

>H. : 0^{m}72; L. 0^{m}55.